U0602992

Zhongguo Wenhua
Zhishi Duben

中国文化知识读本

中原文化

主编　金开诚

编著

王思博

吉林出版集团有限责任公司
吉林文史出版社

图书在版编目（CIP）数据

中原文化 / 王思博编著. —— 长春：吉林出版集团
有限责任公司：吉林文史出版社，2009.12（2023.4重印）
（中国文化知识读本）
ISBN 978-7-5463-1696-3

Ⅰ.①中… Ⅱ.①王… Ⅲ.①文化史－河南省 Ⅳ.
①K296.1

中国版本图书馆CIP数据核字(2009)第236921号

中原文化

ZHONGYUAN WENHUA

主编/ 金开诚　编著/王思博

项目负责/崔博华　责任编辑/曹恒 于涉

责任校对/王文亮　装帧设计/曹恒

出版发行/吉林出版集团有限责任公司　吉林文史出版社

地址/长春市福祉大路5788号　邮编/130000

印刷/天津市天玺印务有限公司

版次/2009年12月第1版　印次/2023年4月第4次印刷

开本/660mm×915mm　1/16

印张/8　字数/30千

书号/ISBN　978-7-5463-1696-3

定价/34.80元

编委会

主　任: 胡宪武

副主任: 马　竞　周殿富　孙鹤娟　董维仁

编　委(按姓氏笔画排列):

于春海　王汝梅　吕庆业　刘　野　李立厚
郝　正　张文东　张晶昱　陈少志　范中华
郑　毅　徐　潜　曹　恒　曹保明　崔　为
崔博华　程舒伟

前 言

　　文化是一种社会现象，是人类物质文明和精神文明有机融合的产物；同时又是一种历史现象，是社会的历史沉积。当今世界，随着经济全球化进程的加快，人们也越来越重视本民族的文化。我们只有加强对本民族文化的继承和创新，才能更好地弘扬民族精神，增强民族凝聚力。历史经验告诉我们，任何一个民族要想屹立于世界民族之林，必须具有自尊、自信、自强的民族意识。文化是维系一个民族生存和发展的强大动力。一个民族的存在依赖文化，文化的解体就是一个民族的消亡。

　　随着我国综合国力的日益强大，广大民众对重塑民族自尊心和自豪感的愿望日益迫切。作为民族大家庭中的一员，将源远流长、博大精深的中国文化继承并传播给广大群众，特别是青年一代，是我们出版人义不容辞的责任。

　　本套丛书是由吉林文史出版社和吉林出版集团有限责任公司组织国内知名专家学者编写的一套旨在传播中华五千年优秀传统文化，提高全民文化修养的大型知识读本。该书在深入挖掘和整理中华优秀传统文化成果的同时，结合社会发展，注入了时代精神。书中优美生动的文字、简明通俗的语言、图文并茂的形式，把中国文化中的物态文化、制度文化、行为文化、精神文化等知识要点全面展示给读者。点点滴滴的文化知识仿佛颗颗繁星，组成了灿烂辉煌的中国文化的天穹。

　　希望本书能为弘扬中华五千年优秀传统文化、增强各民族团结、构建社会主义和谐社会尽一份绵薄之力，也坚信我们的中华民族一定能够早日实现伟大复兴！

目录

一、中原文化的界定

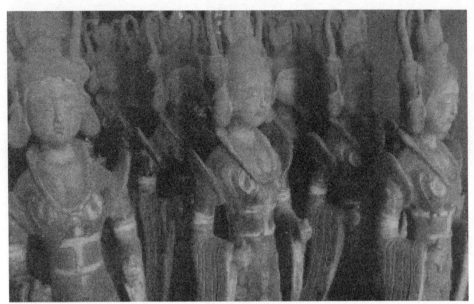
洛阳出土的古仕女俑

　　关于中原文化的界定，学术界有好几种说法。一种是将词拆分开来理解，先界定"中原"的地域概念再限定"文化"的范围。"中原"这一地域概念，有狭义与广义之分。狭义的中原指河南一带。广义的中原，至今学术界对其定位依然不确定，有的认为是黄河中下游地区，即河南大部、山东西部以及河北、山西南部；有的认为应该将整个黄河流域归为中原；还有少数人认为"禹定九州，铸九鼎"，九州即中原。本文讨论的中原文化，是指广义的中原地域。"文化"一词，也有狭义与广义之分。本文指的是广义上的文化，既包括意识形态方面的，如哲学、文学、史学、艺术等，也包括考古学上说的诸如裴李岗文化、仰韶文化、龙山文化、二里头文化等，这种是最常见、最认可的界定。另一种是从文化的角度出发，从文化的性质、特征上理解中原，将中原放在一个大的文化背景上进行多层次、多角度的研究，将中原文化历史悠久的性质以及积淀深厚的特征表现出来。中原文化的历史悠久性，可从传说中的三皇五帝说起。第一，我们的始祖、三皇之首的伏羲氏，据说当年在今天的淮阳（古称宛丘，又称陈）建都。6000多年前，伏羲在这里"作网罟、正姓氏、制嫁娶、画八卦、造琴瑟"。

河北丽京门隋唐城天后宫

中原文化的界定

伏羲庙

至今，在淮阳，有许多文物古迹，如伏羲太昊陵、画卦台等，还有二月二的"人祖会""泥泥狗"等风俗习惯和民间文化，都在纪念着伏羲，传承着伏羲文化。第二，另一中华始祖轩辕黄帝。他生活在 5000 年前，传说因生于轩辕之丘，故称为轩辕氏，后来轩辕氏建都于有熊（今河南省新郑市）。据史料记载：黄帝是该部落酋长之子，后来黄帝成为有熊部落的酋长。他很有智慧和能力，集政治家、科学家、军事家于一身。这位杰出的领袖"修德振兵"，经过与其他部落的多次战争，先后打败、融合了炎帝和蚩尤等部落，结束了远

古战争，在新郑"大会诸侯"，被拥立为中国第一个"天下共主"，而当时的新郑也成为统治天下的政治中心。据说中华民族的养蚕、舟车、文字、音律、医学、算术等很多发明创造，都创始于黄帝时期。杨翰卿在《论中原文化及其精神》中对黄帝文化进行概述："黄帝文化象征着中华民族团结凝聚的力量，汇集为中华民族自尊自信的源泉，更是中原文化的骄傲和自豪。"黄帝和炎帝是中国传说时代的英雄，中国人习惯称自己是炎黄子孙。相传历史上的二位禅让制明君尧、以及夏、商、周三代帝王均为黄帝后裔。不仅如此，

炎帝神农氏墓碑

炎帝墓碑

大禹治水铜像

还有其他少数民族，如满族、蒙古族、藏族等民族，甚至西迁欧洲的匈奴，都自认为是黄帝子孙，可见黄帝文化对中华民族影响之深。共同的祖先观念，使中华民族具有超长的凝聚力、感召力和影响力。第三，颛顼、帝喾是上古"五帝"中的二帝。早在4400年前，二帝继黄帝轩辕氏之后，颛顼是黄帝之孙，帝喾是黄帝的曾孙，为华夏之祖先，他们相继而立于帝丘（今濮阳市）。据传，农历三月十八，是颛顼帝的生日。现如今，每年的这一天，方圆百里的群众都要来这里赶庙会，以祭奠二帝。

中原文化积淀之深厚，主要表现在以下几个方面：

第一，政治文化的积淀。据统计，从夏代

洛阳大义参天牌坊

到宋代这近 3500 多年间，有 20 多个朝代、200 多位帝王在河南建都。众所周知，全国有七大古都，其中三大古都——安阳、洛阳、开封都在河南。安阳是拥有 8000 年的裴李岗文化、5000 年的黄帝文化和 2700 年的郑韩文化的"中华第一古都"；洛阳是"九朝古都"，从东周开始，东汉、曹魏、西晋、北魏（孝文帝以后）、隋（炀帝）、唐（武后）、五代时的后梁、后唐，先后有九个王朝建都于此；而开封是"七朝古都"，战国时期的魏，五代时期的后梁、后晋、后汉、后周以及北宋和金均在此建都。这些朝代在中原地区颁行法律、制定政策，如：中央行政制度方面（三公九卿制、三省六部制）、地方行政制度方面（分封制、郡县制、封国制、蕃汉分治制、行省制、土司制、改土归流）、选官制度方面（禅让制、世袭制、察举制、九品中正制、科举制、自荐求官制）、军事制度方面（常备军制、军功爵禄制、太尉负责制、府兵制、募兵制和节度使制、猛安谋克制、五军都督府和卫所军制）、监察政策方面（设立御史大夫、刺史、通判等职位）等制度政策，从而形成厚重的中原政治文化。

第二，思想文化的积淀。在中原文化的历史发展中，思想理论文化的积淀非常深厚。儒家、道家、墨家、法家、易学思想、佛家文化等各种思想理论文化，无不在中原兴起。

第三，科技文化的积淀。在中原历史上，产生了许许多多的科学家、医学家、天文学家。作为我国古代最早的星表编制人——石申，生于4世纪前，他编的《天文》一书共八卷，被后人誉为《石氏星经》。后经后人改造，成为世界最古老的星表——石氏星表，远比古希腊天文学家依巴谷在公元前2世纪编制的星表还早。东汉大科学家杜诗在总结劳动人民实践经验的基础上发明的"水排"鼓风技术，因为它"用力少，见功多"，所以得到广泛使

文物碑帖

用，这一技术比欧洲早1000余年。东汉天文学家张衡制作的浑天仪是世界上最早用水力推动的浑天仪。浑天仪分内外两圈，可以转动，上面刻有南北极、赤道、黄道、24节气以及日月星辰等，日月星辰位置和出没情况与宇宙间的情形完全一致。由他发明的地动仪是世界上第一台利用物理惯性测定地震发生情况及其方向的地动仪。以精铜铸之，形状与酒樽类似，四周镶有8条龙，龙头对着东、南、西、北及东北、东南、西北、西南8个方向，龙嘴各衔龙珠一颗，每个龙头下面各蹲一只青蛙。如果发生地震，发生地震的那个方向的龙嘴会自动张开，龙珠随之滚出，落入青蛙嘴中，工作人员便可立刻记下地震的时间和方向。这些发明在世界科学史上占有重要的地位，充分体现了中华民族的伟大智慧。东汉著名医学家张仲景著的《伤寒论》，全书共12卷，22篇，397法。除去重复之外共有药方112个。全书重点论述了人体由于感受风寒之邪而引起的一系列病理变化及如何进行辩证施治的方法。在中国医学诊断治疗方面确立了"辨证论治"的基本原则，他还把病症分为太阳、阳明、少阳、太阴、厥阴、少阴六种，即所谓"六经"。并通过望、闻、问、

浑天仪

切四诊，奠定了中医治疗学的基础，对祖国医学发展作出了巨大贡献，对东南亚各国医学产生了重要影响。

第四，艺术文化的积淀。大家熟知的唐三彩即起源于此处，它分布在长安和洛阳两地，在长安的称西窑，在洛阳的则称东窑。它是一种盛行于唐代的陶器，以黄、白、绿为基本釉色，后来人们习惯地把这类陶器称为"唐三彩"。它的种类很多，有人物、动物、碗盘、水器、酒器、文具、家具、房屋，甚至装骨灰的壶坛等等，以造型生动逼真、色泽艳丽和富有生活气息而著称。唐三彩的诞生已有1300多年的历史了，它吸取了中国国

唐三彩

画、雕塑等工艺美术的特点，采用堆贴、刻
画等多种形式的装饰图案，线条粗犷有力。
宋瓷是另一种代表中原艺术的艺术品，既体
现着中原古代人民的聪明智慧，也反映了古
代人民丰富的艺术文化生活。在中国陶瓷工
艺史上，宋瓷以单色釉的高度发展著称，其
色调之优雅，无与伦比，被西方学者誉为"中
国绘画和陶瓷的伟大时期"。另外还有散文、
诗歌、书法、绘画、建筑等。

　　散文方面，先秦战国时期的庄子是著名
的散文家，他写过很多名篇，文章中都充满
了浪漫主义的色彩。大家熟悉的《逍遥游》

宋瓷是中原文化的代表艺术品

中的"穷发之北，有冥海者，天池也。有鱼焉，其广数千里，未有知其修者，其名曰鲲。有鸟焉，其名为鹏，背若泰山，翼若垂天之云；抟扶摇羊角而上者九万里，绝云气，负青天，然后图南，且适南冥也"。还有《齐物论》《养生主》，都是非常优美的哲学散文。唐朝著名的文学家、思想家韩愈（河南孟州人），在文学领域是古文运动的倡导者，他与柳宗元、苏轼、苏辙、苏洵、曾巩、欧阳修、王安石合称为唐宋八大家，并被尊为唐宋古文八大家之首，苏轼称其"文起八代之衰"，著有《韩昌黎集》40卷，《外集》10卷，《师说》等等。诗歌方面，唐朝著名诗人杜甫（河南巩县），

韩愈被尊为唐宋古文八大家之首

杜甫是唐代最杰出的诗人之一

一生写诗数千首，世有"诗圣"之称。代表
著作如"三吏"（《石壕吏》《新安吏》《潼关
吏》）和"三别"（《新婚别》《无家别》《垂老
别》），并有《杜工部集》传世。他是唐代最
杰出的诗人之一，对后世影响深远。杨翰卿
在《论中原文化及其精神》中说道："大诗人
白居易，生于新郑，后迁至洛阳，直到逝世，
葬于香山。人们常说唐代有三大诗人：李白、
杜甫、白居易，其中中原占两位。人们又称
唐代杰出诗人有三李：李白、李贺（河南宜阳

中原文化的界定
015

杜甫像

人)、李商隐(河南沁阳人),其中中原有二李。"
另外还有经学家、文字学家许慎(河南郾城
人),是中国文字学的开拓者,有"字圣"之称,
于东汉和帝永元十二年(100年)著《说文解
字》。《说文解字》是我国第一部以六书理论
系统分析字形的书籍,它保存了大部分先秦
字体以及汉代和以前的不少文字训诂,反映
了上古汉语词汇的面貌,比较系统地提出分
析文字的理论,是我国语文学史上第一部分
析字形、解说字义、辩识声读的字典,也是
近2000年来唯一研究汉字的经典著作。

绘画方面有唐代的画圣吴道子、宋代的

吴道子绘画作品

山水画家李唐等。吴道子（河南禹县人），生于唐高宗时代，绘画活动在玄宗开元、天宝年间（约7世纪末、8世纪前期）。曾从张旭、贺知章学习书法，又习绘画，师法张僧繇。因玄宗召他入宫，遂改名道玄为道子，所作人物、鬼神、鸟兽、台阁都冠绝一世，《天王送子图》是他的代表作。李唐，字晞古，河阳（今河南孟县）人。北宋徽宗时画院画家，与刘松年、马远、夏圭并称"南宋四大家"。擅长山水及人物故事画。《万壑松风图》是李唐70岁左右的手笔，反映了北宋时期的山水画面貌，还有《江山小景图》《长夏江寺图》《采

吴道子绘画作品

薇图》《晋文公复国图》都是借古喻今的作品。

建筑方面，河南现存地上古代建筑品类繁多，包括石阙、寺庙、书院、民居、园林、石塔、牌坊、桥梁、石窟、陵园、石柱等。因涉及的种类繁多，在此不一一列举，以洛阳的龙门石窟、嵩山少林寺为例进行概述。龙门石窟凿于北魏孝文帝迁都洛阳（494年）之时，直至北宋，存佛像十万余尊，窟龛二千三百多个。龙门石窟位于河南省洛阳市南13公里处，这里香山和龙门山两山对峙，伊河水从中穿流而过，远望犹如一座天然的门阙，所以古称"伊阙"。又因隋炀帝在洛阳建起了东都城，把皇宫的正门正对伊阙，从

嵩山少林寺

此，伊阙便被人们称为龙门。唐代大诗人白居易曾说："洛都四郊，山水之胜，龙门首焉。"它同甘肃的敦煌石窟、山西大同的云冈石窟并称中国古代佛教石窟艺术的三大宝库。据北京出版的《少林寺资料集》统计，少林寺全国共10座，其中真的7座：分别坐落于登封、太原、蓟州、长安、和林、洛阳和泉州；假的有3座，分别在福州、山东和台湾。当然最为著名且"功夫冠天下"的，还是位于河南登封嵩山且有康熙皇帝御笔书匾的少林寺。少林寺建筑规模宏大，从山门到千佛殿，共7进院落，总面积达3万平方米。南北朝时，天竺僧人菩提达摩到中国传法，得到北魏孝文帝礼遇。太和二十年(496年)，敕就少室山为佛陀立寺，供给衣食。因寺处少室山林中，故名少林。据佛教传说，禅宗初祖菩提达摩于寺内面壁9年，传法慧可。此后少林禅法师承不绝，传播海内外。

少林秘笈，国之瑰宝

二、中原文化的主要内容

中原文化博大精深，内容丰富，本书只是就几个主要的方面来概述：

（一）史前文化

中原的史前文化，可以追溯到 8000 年前的裴李岗文化。在新郑裴李岗遗址出土了数百件磨制石器和陶器；在舞阳贾湖遗址，出土了新石器时代的房址 53 座，窖穴 370 座、陶窑 13 座，以及灰坑、墓葬、瓮棺葬等，出土文物近 5000 件。这一发现，对我国的考古学来讲有着重要的意义，将我国的农业文明又提前了 1000 多年。以彩陶闻名于世的 7000 年前的仰韶文化，在窑场、墓地等方面反映了以女性为中心的特点，表明当时维系氏族

新石器时代仰韶文化彩陶人面鱼纹盆

团结的血缘纽带根深蒂固。以蛋壳陶闻名的5000年前的龙山文化时期，在河南也发现了相当丰富的陶器动物浮雕及鼎、罐、壶等文化遗存。由此可以看出，史前文化在河南发现不只是少数、若干处的几件历史遗存，而是连续的、有规模的历史遗存。这些都充分表明河南在整个史前文明时期都处于领先地位，也足以说明中原大地是中华民族文明起步最早的地方之一。

（二）政治文化

历史上的中原大地是政权更迭频繁的舞台，在这里发生了无以计数的重大政治事件和政治活动，从而形成了丰富的政治文化。

龙山蛋壳陶残片

黄帝是中国人民公认的先祖，开创了中华民族初始的政权制度，建立了国家治理的雏形。从禅让制到世袭制，完成了由部落联盟向奴隶制国家的转变。从夏朝到宋代的3000多年间，河南一直是我国政治、经济和文化的中心，先后有200多位帝王建都或迁都于此，几度形成政治文明的巅峰与辉煌。中国八大古都中的开封、洛阳、安阳、郑州都是河南省的。中国自古"逐鹿中原""问鼎中原""得中原者得天下"等说法就是由此而来，可见中原在中国社会的重要地位。

（三）思想文化

中原思想文化是中华民族思想文化的核

洛阳大雄宝殿

心，儒学的开山人物——孔子，祖籍是河南，讲学、游说的主要活动地域在中原。洛阳人程颢、程颐开创的宋代理学，又把儒学推向一个新的思想高峰，成为宋元明清以来居统治地位的主流意识形态。道家思想的老祖宗老子，是河南鹿邑人，《道德经》就是在河南写的。以"道"解释宇宙万物的演变，阐述了大量朴素辩证法观点，对我国2000多年来思想文化的发展产生了深远的影响，在世界发行量仅次于《圣经》。法家思想的主要代表人物韩非子，也是河南人。他提出的以"法"为中心、其"法、术、势"三者合一的统治思想，受到了历代统治者的重视，在普通民众中也

道家思想创始人老子像

产生了巨大影响。除了以上学者外，还有谋圣姜太公、墨圣墨子、商圣范蠡、医圣张仲景、科圣张衡、字圣许慎、诗圣杜甫、画圣吴道子、律圣朱载堉等，他们不仅以其高尚的人格来感染着人们，而且还以自己丰富的知识创制了一大批经典著作，成为中华文化发展史上的不朽丰碑。总的来看，中原思想文化不仅传达着刚健有为、自强不息、中庸尚和的生活哲学，还隐含着"日新"的变革进取精神，体现了中华民族向往和平的精神境界。这些思想文化塑造了中华民族的基本文化形态和性格，丰富了中华民族精神宝库，并对世界

儒家思想创始人孔子墓碑

洛阳孔子问礼碑

文化产生了很大影响。

（四）名流文化

名流是一个以圣人为顶峰的特殊社会群体，但是名流与圣人有着本质的区别。圣人肯定是名流，但名流未必是圣人，名流的外延要远大于圣人。名流以其文化素养和文化创造影响着社会，形成一种社会文化效应和文化风尚。中原历史名人辈出。据统计，在二十四史中立传的历史人物5700余人，其中河南籍的历史名人为912人，占总数的15.8%。唐代留名的2000多名作家，河南居两成。这些涵盖了思想家、哲学家、政治家、

名人以其文化素养和文化创造影响着社会

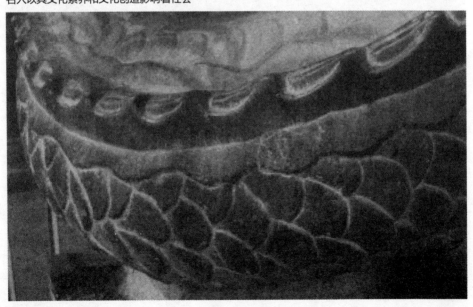

军事家、科学家、文学家等各个领域，对社会历史进程或者社会风尚的形成产生了重要影响。

（五）农耕文化

农业最早是在中原地区兴起来的。裴李岗文化有关遗存中出土了不少农业生产工具，为早期农耕文化的发展提供了实物证据，尤其是琢磨精制的石磨盘棒，成为我国目前所发现的最早的粮食加工工具。众所周知，位居三皇之首的伏羲，教人们"作网罟、正姓

大禹铜像

氏、制嫁娶、画八卦、造琴瑟",开启了人类的渔猎经济时代;炎帝号称"神农氏",教人们播种收获,开创了农业时代;大禹采用疏导的办法治水,推进了我国水利事业的发展;战国时期,由河南人郑国主持修建的"郑国渠",极大地改善了关中地区的农业生产条件。随着民族的融合特别是中原人向全国各地的迁出,将先进的农业技术与理念传播到全国,从而促进了中国古代农业水平的提高。可以说,中国农业的起源及发展与河南有着密切的关系。

(六)商业文化

根据考古界、史学界的考察、甄别发现,学术界对于中国商业文化的起源在中原产生了共识。据史料记载:商代的王亥是第一个用牛车拉着货物到远地去做生意之人,因此被奉为商业鼻祖;第一个儒商是孔老夫子的高足——子贡,是河南浚县人,不仅能做官,而且善于经商致富;第一个热心公益事业而被后人称为商圣的范蠡,是南阳人,他帮助越王勾践灭吴之后,悄然引退,把才能用于经商;第一个爱国商人是新郑人弦高,在经商途中遇到了秦师入侵,以自己的15头

牛为代价智退秦军。此外，中原还产生了中国商业的许多个第一。比如第一个由政府颁布的保护商人利益的法规《质誓》诞生于春秋时期的新郑，以"城门之征"为代表的最早的关税征收发生在春秋时期的商丘，第一个商业理论家是今商丘人计然，清代巩义的康百万家族更是写下了"富过十二代，历经四百年而不败"的商业神话。由此可见，中原商业文化在中华文化体系中占有重要的地位。

（七）宗教文化

楼宇烈在《中国文化中的儒释道》一文

道教是中国的传统宗教

中这样概述："在其长期历史的发展过程中，不仅产生了众多的本土学派，也不断有外来文化的传入。这些不同的学派和文化，在矛盾冲突中相互吸收和融合，其中有的丰富了、发展了、壮大了，有的则被吸收了、改造了、消失了。大约从东晋开始至隋唐时期，中国文化逐渐确立了以儒家文化为主体，儒释道三家既各自独标旗帜、同时又合力互补以应用于社会的基本格局。"这种格局，一直延续到了 19 世纪末，历时 1600 年左右。其中"释"（即佛）和"道"都属于宗教文化，其繁荣发展都与河南息息相关。道教作为中国土生土长的宗教信仰，是以"道"为最高信仰的中国传统宗教。创始人老子是河南鹿邑人。我国现存最早、规模最大的道教建筑群之一是河南登封中岳庙。据《道藏》记载，道教名山胜境有"十二大洞天""三十六小洞天"和"七十二福地"。河南境内的洞天福地有王屋山、嵩山、桐柏山和北邙山。著名的宫观有鹿邑太清观、浚县碧霞宫、洛阳上清宫、开封延庆观、南阳玄妙观、济源阳台宫等较大

佛教在中原文化中占有举足轻重的地位

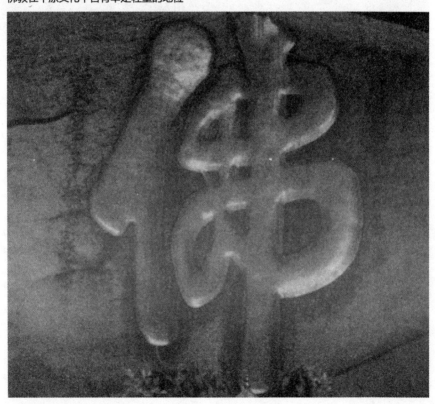

宫观。关于外来佛教与中原的关系，李邦儒（河南省宗教文化研究会秘书长、郑州大学新闻传播学院博士）说："印度佛教最先传入河南，使河南创造了许多中国佛教史上的第一。白马寺是佛教传入中国后的第一座寺院，为中国'释源'；光山净居寺是中国第一个佛教宗派——天台宗的发源地；少林寺是中国化的佛教——禅宗的祖庭；相国寺是推动佛教信仰大众化的净土宗祖庭，云门宗的大本营；风穴寺是流行最广的临济宗祖庭；安阳日光寺是律学三大宗派建宗最早的相部宗祖庭；宝丰香山是观世音菩萨的道场，为中国五大菩萨道场之一；登封永泰寺是中国历史上第一座尼僧寺院；卫辉香泉寺是中国第一个佛教慈善场所，专门收治麻风病的'疠人坊'，开中国佛教慈善、医疗之先河；洛阳、许昌、开封、安阳是四大佛经翻译中心，中国第一部汉文佛经——《四十二章经》在河南译出，佛教的其他经典，如禅经、阿毗昙经、初期菩萨乘、律戒、释迦牟尼佛传、大乘、小乘等经典，均在河南首译。"据统计：在佛教传入中国的近 2000 年间，印度等国入河南的高僧多达 80 余人，中国僧人在河南地区活动的则有 100 余人，日本、朝鲜入河南求法者则

白马寺香炉一角

伊斯兰教随穆斯林传入中原

有 20 余人。除了道教和佛教外，伊斯兰教也是中原宗教文化的重要组成部分，但它与佛教进入主流文化的本土化道路不同。伊斯兰教随着迁移流动的穆斯林传入中原，在适应中原社会文化环境的过程中传播、发展。由于信仰者主要是回族，中原伊斯兰教文化表现为伊斯兰教和回族文化'大体同构'的文化。它具有某些与中原文化相似的精神特质，即尊重传统、追求中和、具有包容性和开放性，同时不乏创新精神和创新能力。

（八）民俗文化

中原地区民俗文化斑斓多姿，集中体现

在饮食、服饰、日常起居、生产活动、礼仪等各个方面。据史料记载：西周时期在中原形成的婚仪"六礼"，逐步演化为提亲、定礼、迎娶等固定婚俗，并延续至今。而与生产生活密切相关的春节、祭灶、吃饺子、拜年，正月十五闹元宵，三月祭祖扫墓，五月端午节插艾叶，七月七观星，八月中秋赏月，九月重阳登高等等，大多起源于中原，并通行全国。除此之外，聪明智慧的中原人民还创造了丰富多彩的民间生活和艺术品，如太昊陵庙会、洛阳花会、信阳茶叶节、马街书会、开封夜市等古代的民间节会经久不衰，开封的盘鼓和汴绣、朱仙镇木板年画、南阳玉雕、濮阳和周口的杂技等民间艺术享誉中外。在饮食方面，广东人在豆腐上挖个洞，填满肉馅，蒸熟后食用，其实就是客家人从中原带去的吃饺子风俗的变异。中原民俗的广泛影响可见一斑。

（九）饮食文化

众所周知，豫菜是中国八大名菜的母菜，是中国最古老的一种菜系。豫菜始于夏、商，经过东周、东汉、魏、晋、南北朝的不断充实发展，到北宋时，已形成具有独特风味的

豫菜是中国最古老的菜系之一

豫菜内容不断丰富，技术精益求精

重要菜系。据说 4000 多年前，夏启在禹县为诸侯设宴，史称"钧台之享"，是我国最早的宴会。《礼记·王制》载："凡养老，有虞氏以燕礼，夏后氏以飨礼……""殷人以食礼……"，这是我国古老的宴会制度。文中的有虞氏在河南虞城县。殷纣王在安阳一带以酒为池，悬肉为林……为长夜之饮。这是历史上最早最大型的宫廷嬉戏宴会。历史上有名的"周王八珍"对豫菜影响较大，经过历代厨师的继承和发展，内容不断丰富，技巧精益求精。

三、中原文化的各个发展阶段

中原文化应追溯到距今八千年前的石器时代

中原文化的内涵十分丰富，学者们根据自己的学术专长，多层次、多角度地对中原文化进行了研究探讨。从距今约有 8000 年的石器时代的裴李岗文化开始，包括随后的仰韶文化、龙山文化、二里头文化，这是史前文化，是中原文化的萌芽阶段。到夏、商、周时期，中原文化才进入自己文化的形成和发展阶段。从春秋战国到隋唐时期，中原文化已经达到了繁荣时期。到北宋时期，中原文化达到鼎盛时期。可是事物的发展往往都是在经历一个巅峰之后，必然会朝着反方向发展，这是个亘古不变的道理。随后异族的侵入、明清两代的迁都、文化中心的转移，使得当时中原地区的文化人已很难执文化界的牛耳，全国第一流的文化人很多已不是中原人士。

新石器时代保留下来的文物有很高的研究价值

（一）中原文化的萌芽阶段

裴李岗文化属于中国黄河中游地区的早期新石器文化，靳松安在《论自然环境对河洛地区史前文化发展的影响》中给裴李岗文化是这样定义的："主要是指在河南新郑裴李岗及其同类遗址发现的，以小口双耳壶、三足钵、筒形深腹罐、锯齿石镰、带足石磨盘、舌形石铲等基本器物组合为鲜明特征，分布于河洛地区的一种新石器时代文化遗存。"据李友谋在《裴李岗文化墓地初步考察》一文中记载："裴李岗文化时期的人类，正是处在这样一种环境之下的。他们已经摆脱了依靠自然产品为生的历史，而是运用自己的创造性劳动，谋取自己需要的生活资料，并不断丰富自己的生活内容，基本脱离了以渔猎、采集为主，转入从事农业生产，过着定居的生活。"关于这类遗存的年代，学术界一般认为它是早于仰韶文化的。不过，对于它与河北武安磁山一类遗存的关系及其在文化定名问题上，却曾存在不同的看法。严文明在《黄河流域新石器时代早期文化的新发现》中的看法是：两者文化面貌相似，应视为一种文化，或称之为"磁山文化"，或称之为"裴李岗文化"，或称之为"裴李岗文化"的"裴李岗类型"和"磁山类型"，还有的称之为"磁山·裴李岗文化"；李友谋、陈旭在《试论裴李岗文化》和安志敏在《裴李岗、磁山和仰韶——试论中原新石器文化渊源及发展》中都提到了第二种意见，他们的观点与前者相反，认为两者文化面貌差异较大，属于两种不同的文化，应分别命名为"裴李岗文化"和"磁山文化"。前面我们提到，裴李岗文化是以双耳壶、三足钵、深腹罐、钵四种器物最为典型的文化。

裴李岗文化陶器

其中双耳壶不仅出土数量多，而且种类复杂，有竖耳、横耳、三足、圈足、假圈足等多种形制，是裴李岗文化最有代表性的器类。三足钵与深腹罐也是裴李岗文化具代表性的器类之一，出土数量也比较多，种类也较丰富。钵是裴李岗文化的基本器类之一，出土数量较多，分圆底和平底两大类。

仰韶文化，是黄河流域影响最大的一种原始文化，它纵横 2000 里，绵延数千年，在世界范围内来说，也是首屈一指的。孟祥柱在《浅谈仰韶文化》一文中概述了仰韶文化："仰韶文化是黄河中游地区重要的新石器时代文化。它的持续时间大约在公元前 5000 年至

具有明显新石器时代特色的深腹罐

仰韶文化古石器残片

手工磨制的石器

中原文化

公元前 3000 年。仰韶文化的名称来源于其第一个发掘地——河南省三门峡市渑池仰韶村。仰韶文化主要分布于黄河中下游一带，以陕西渭河流域、山西西南和河南西部的狭长地带为中心，东至河北中部，南达汉水中上游，西及甘肃洮河流域，北抵内蒙古河套地区。"作为随着物质文化发展，精神文化亦相应地得到发展的仰韶文化，已经与前者大为不同。它的主要文化特征可归纳如下：

第一，彩陶是仰韶文化的最明显特征，故仰韶文化又称彩陶文化，可见彩陶的重要性。与前代相比，仰韶文化的陶器出现了很大的变化。从选料上说，以细泥红陶、夹砂

陶器材料多以细泥红陶和夹砂红陶为主

红陶为主，还有少量的橙黄陶、灰陶以及褐陶。饮食器多为细泥红陶，其中不少是彩陶，罐、缸、瓮等炊器和盛储器则以夹砂红陶为主。从器形上看，仰韶文化的陶器以平底为主，少量为尖底，偶见圆底，这是陶器形制的重大改变，平底陶器终于基本取代了圆底器，在史前文化中首次成为主流器形。常见器物有敛口平底钵、曲腹彩陶盆、多孔盆形或钵形甑、双唇口尖底瓶、大口小底缸、曲腹瓮等，器类较前复杂，大型器物增多。从陶窑来讲，分为竖穴窑和横穴窑，由火塘和窑室两部分构成，火塘是添柴生火之处，呈圆形或长方形。窑室均呈圆形，周边设环形火道，受热较匀。

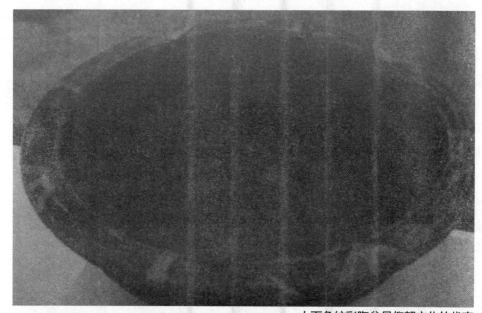

由于有了窑室，陶器不是直接在火焰上烧烤，因此较原始的篝火式或炉灶式有了很大的进步。从陶器纹饰讲，彩绘出现在仰韶文化中，这在陶器史上是一个巨大的进步。在仰韶文化的陶器中，有不少施有彩绘花纹，主要颜色为黑色，亦有红色、白色和棕色。主要有人面花纹、动物花纹、植物花纹和几何形花纹四大类。人面花纹是用简单的笔画，画出人的面部形象，通常是圆圆的脸盘，头上戴有"非"字形的装饰物，以横线和竖线勾画出眼、耳、口、鼻，有的嘴角边各含一条小鱼，有的两耳边亦画有一条小鱼，有的头上画有三角形发髻。最有代表性的是人面鱼纹

在仰韶文化陶器中，鱼纹图案非常普遍

彩陶盆，这件人面鱼纹彩陶盆是新石器时代陶器珍品，高 16 厘米、口径 38 厘米。口沿绘线条图案纹，里壁绘人面纹和鱼纹，人面接近图案化，但人面的基本形象仍保存完好。人面和鱼纹都为黑彩，它既代表了当时绘画艺术的水平，也体现出当时人们的一种意识形态。动物花纹主要有鱼纹、鹿纹、鸟纹和蛙纹，其中鱼纹有写实性和图案化形象两种。在古代中国，鱼一直被奉为吉祥之物，《史记·周本纪》上说周有鸟、鱼之瑞。又《太平御览》卷九百三十五引《风俗通》曰："伯鱼之生，适用馈孔子鱼者，嘉以为瑞，故名鲤，字伯鱼。"同时，鱼具有生殖繁盛、多子多孙的祝福含义，这与古人祈求子孙绵延的意愿十分吻合。鹿纹、鸟纹、蛙纹均为简单的笔画，勾画出其形象。植物花纹最主要的是用圆点、勾叶和弧线三角组成的花瓣图案，花纹繁缛，并且多有白色陶衣衬底，比较美观。除了人物、动植物纹以外，几何形花纹是陶器上最普遍的花纹，主要有宽带、三角、斜线、波折等各种不同的花纹，可谓复杂多样。在仰韶文化的彩绘作品中，河南临汝阎村遗址出土的一件陶缸上所绘的《鹳鱼石斧图》，属于庙底沟类型的彩陶。陶缸高 47 厘米，图案多绘于外壁的上半部分，纹样多是曲直相结合，图像简洁明了，画面由一鸟、一鱼和一石斧构成。其中鹳鸟肥胖健壮，眼睛炯炯有神，嘴叼一条大鱼，石斧也是经过装饰的，无疑是古代权力的象征。这幅画构图新颖，是仰韶文化彩绘图案中仅见的一幅画面最大的作品。这时期的陶器质量高、胎质坚硬、火候高，器物种类繁多，而且制作工艺水平都属于高器物精美的类型。

仰韶文化的陶器中花纹有很多种类

仰韶文化时期的生活用品

第二，仰韶文化时期多为竖穴式房屋。依据竖穴的深浅程度，又可分为深穴式和浅穴式两种形式。深穴式房屋深度一般大于成年人身高，多在 1.5 米以上。此种房屋具有冬暖夏凉的优点，但通风性、防潮性较差而不适宜多雨的气候，且有居住面积小、出入不便等缺点。浅穴式房屋深度在 1.5 米左右，大多数在 1 米以上。一般在房屋的一面开有斜坡门道，并筑有防止雨水流入的门栏，多为小型，也有中型和大型者。与裴李岗文化时期的房屋相比，此时的人类已在穴壁立柱，这样使室内空间增大，采光也好，比早期房屋有所进步。随着人民认识世界、改造世界能力的增强，少数房屋还采用了防潮性能好的"料姜石"加工居住面。房屋也不再是单一的面积，可分为大、中、小型。大型房址面积近 70 平方米，中型房址面积在 25 平方米至 50 平方米之间，小型房址面积大多在 15 平方米至 20 平方米之间。作为以农业为主的仰韶文化，其村落或大或小，但是每个村落都有中心广场，周围有分组的建筑，每组建筑都包括一座供氏族成员集会的大房子和环绕着它的若干小房屋，这是当时对偶家庭的住宅。房屋的墙壁是用泥做的，有用草混在

仰韶文化时期的陶器多以平底为主

里面的，也有用木头做骨架的。墙的外部多被裹草后点燃烧过，来加强其坚固度和耐水性。选址一般也比较考究，在河流两岸经长期侵蚀而形成的阶地上，或在两河汇流处较高而平坦的地方，这里土地肥美，有利于农业、畜牧业，取水和交通也很方便。当时村落的房屋有一定的布局，墓地和窑场都被建在村落之外。仰韶文化居民死后按一定的葬俗埋葬，多为长方形土坑墓，墓中有陶器等随葬

仰韶文化时期的房屋遗址

品，小孩实行瓮棺葬。盛行单人仰身的直肢葬，但合葬墓占一定比例。合葬的人数不等，多的达 80 人。河南省文物考古研究所在《汝州洪山庙》一文中提到："在河南汝州洪山庙遗址发现的大型合葬墓，内埋瓮棺 136 个都是专门烧制的大口缸。"由此看来，烧制瓮棺已成为制陶的重要部分。葬制中实行女性厚葬和母子合葬，反映了以女性为中心的特点，表明当时维系氏族团结的血缘纽带根深蒂固。这些与母系氏族社会组织的特征是相吻合的。《中国美术简史》中提到："1987 年在河南濮阳西水坡仰韶文化早期遗址的一座墓葬（45 号墓，距今约 6000 年）中，在男性墓主身旁首次出土了用蚌壳摆塑的龙、虎形象，作为墓主权威的象征，这是中国墓室装饰的开端。其中龙长 178 厘米，形体特征已与后世的龙相近，体态修长，曲颈昂首，有前、后肢，足趾有利爪，是我国目前所知年代最早、造型最大的龙图形，被誉为'中华第一龙'。"

第三，较其他类型的器物，仰韶文化的石器、骨器无论从形态还是技术上讲，都有很大的进步，加工较为精细，磨制石器的方法由早前单纯的打制，变为先将石料打制成某种用途的器形、然后再在砺石上磨制加工

出土的陪葬品

石器手环

仰韶文化时期的陶器

成器。钻孔技术也日趋完善，由近背部向中部转移。用这种方法制成的石器，器形规整，表面光滑，刃部更为锋利。发达的石器磨制技术促进了石制装饰品的发展，在仰韶文化的晚期，有大量的石环、石珠和石坠，选料和加工都比较考究。与前代相比，此时的骨器种类、数量与早期相比，有较明显减少，但这不能说明骨器已经淡出人民的视野，只能表明狩猎方式在经济生活中地位下降。雕塑品也是仰韶文化中不可缺少的。仰韶文化

遗址出土的大量陶质生活器皿，本身就是很
好的陶塑品，其形制和式样，既实用又美观。
有的陶器形制别致，如郑州大河村出土的一
件仰韶双连壶，既是日常生活中的实用品，
又是颇具美感的观赏品。

　　龙山文化泛指新石器时代晚期中国黄河
中、下游地区的一类文化遗存。因其陶器以
黑陶和蛋壳黑陶为主，所以最初称为"黑陶
文化"，不久即被命名为龙山文化。但其文化
系统和来源并不单一，学者们在研究过程中，
根据几个地区不同的文化面貌，分别给予文

瓮棺

龙山文化最初被称为"黑陶文化"

化名称加以区别。一般的分法是：第一、庙底沟二期文化，主要分布在豫西地区。由仰韶文化发展而来，属于中原地区早期阶段的龙山文化。第二、河南龙山文化，主要分布在豫西、豫北和豫东一带。上承庙底沟二期文化或相当这个时期的遗存，发展为中原地区中国文明初期的青铜文化。一般还分为王湾三期、后冈二期和造律台 三个类型。第三、陕西龙山文化，或称客省庄二期文化。主要分布在陕西泾、渭流域。第四、龙山文化陶寺类型，以新发现的山西襄汾陶寺遗址为代表，主要分布在晋西南地区。在龙山文化中，陶器是它与其他文化有典型区别的重要特征，而在诸多的陶器中，最有代表性的是蛋壳陶高柄杯、弩、鼎这三种器物。不仅在与同时代的文化相区别时，这三种器物具有非同一般的意义，而且其中的后两种器物，在区别龙山文化的内部差异中，它们也具有特殊的作用。所谓"蛋壳陶"，是一种制作精致、造型小巧、外表漆黑黝亮、陶胎薄如鸡蛋壳的高柄杯，它仅为龙山文化所见。"并非所有薄胎陶器皆为蛋壳陶"，专家结论是有一定根据的，因为高柄杯非常具有代表性，高度在 25

制作精致、造像小巧的古代陶器

中原文化的各个发展阶段

厘米以下，高柄杯重量一般不超过70克。这对于古代人民纯手工制作来讲，是非常有难度的。再加上蛋壳陶上精美的纹饰，其竹节纹的制作水平堪称空前绝后。它对商周以后青铜器的制作产生了很大的影响，许多器形复杂的青铜器都采用竹节纹作为装饰，与蛋壳陶的竹节纹完全吻合。据李伊萍在《考古学文化的层次划分——以龙山文化为例》中说道："在龙山文化三种典型陶器群中，鼎是这三种陶器中数量最多的器物，数量上超过它的多为器盖、小罐等体形较小、形式较简单的非典型器物。鼎不仅数量多，其形制也

龙山文化制陶原料

鼎是龙山文化的典型陶器

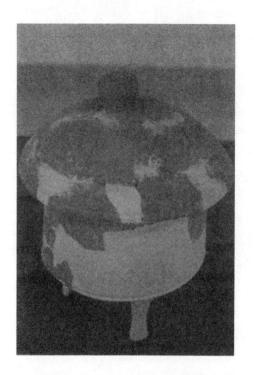

龙山文化陶器

中原文化的各个发展阶段

做工精细的陶环

骨器

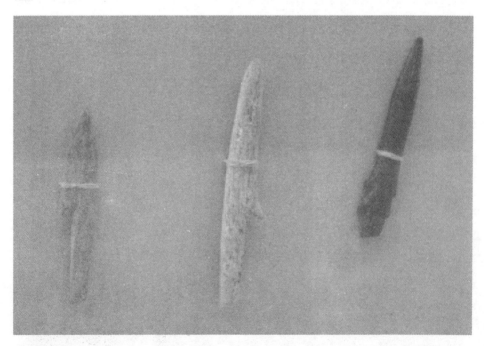

最为复杂，不同遗址出土的鼎形态差异往往很大，其中有些形式的鼎有明显的分布规律。"鼎可以分为以下几种类型：罐形鼎、双腹盆形鼎、盆形鼎、单耳罐形鼎以及盒形鼎。其中罐形鼎是鼎类陶器中数量最多的，也是分区中最有意义的一种类型，它的分区意义在龙山文化的几个地方类型中都有所体现。如：胶莱河以西的平原地区、姚官庄地区、鲁家口地区、三里河等地区。

虽然每个遗址都有几种甚至十几种形式不同的鼎，但这些鼎在数量上存在很大差别，每个遗址都有一种鼎是数量最多的，作为主

龙山文化遗址

要代表的。因此，它就应该是该遗址最具典型意义的陶器。

（二）中原文化的形成和发展阶段

中国历史上的三个奴隶制度王朝，创造了人类的种种奇迹。文字的产生，使文化的传播与继承有了强有力的武器。文化的兴起，促进了农、工商业的发展和政权的完整化，社会秩序也得以安定下来。禹、汤、文、武、周公，都是中原文化的奠基人或倡导者，故能得到孔子的高度赞颂与仰慕，尊为"先王"。他们对中原文化乃至中国文化的功绩是永世长存的。本段以夏、商代文化为例来具体阐述此时的中原文化。

夏代的二里头文化，最初发现于河南省登封县的玉村，一度曾称之为"洛达庙类型"文化。后来，由于该文化的内涵在河南偃师二里头有更为丰富和典型的发现，因此，学术界就正式定名为"二里头文化"。关于它的主要来源，考古学界的意见基本一致，吴汝祚的《关于夏文化及其来源的初步探索》、李仰松的《从河南龙山文化的几个类型谈夏文化的若干问题》、严文明的《龙山文化与龙山时代》、赵芝荃的《关于二里头文化类型与分

龙山文化是二里头文化的主要来源

期的问题》,《中国考古学研究——夏鼐先生考古五十年纪念文集》、郑杰祥的《夏史初探》均认为河南龙山文化是二里头文化的主要来源。更具体地说,是将分布于豫西地区的"王湾三期文化"或"煤山类型"作为二里头文化的主要来源。王讯在《二里头文化与中国古代文明》一文中进一步阐述了论据:"从王湾三期或煤山类型和二里头文化早期的大部分文化内涵特征来看,这个结论无疑是正确的。王湾三期或煤山类型与二里头文化早期的相同文化因素甚多,相同或相似的遗迹现象有:夯土建筑、连间排房式建筑、袋

形灰坑、灰坑葬等；相近的生产工具有石铲、石斧、石刀、石镰等；相似的大量陶器中最常见的有中口夹砂罐、鼎、甑、浅腹平底盆、豆、瓦足皿、瓮、鼓腹鸡冠耳盆以及刻槽盆、觚形杯、器盖等；陶器的纹饰都有篮纹、方格纹、绳纹。此外，炼铜技术、琢玉技术、卜骨等也是煤山类型和二里头文化共有的文化内容。"但是学术界一直对于二里头文化属于夏代存在质疑。1978年，北京大学邹衡教授经过多年研究，在《文物》发表了《郑州商城即汤都毫说》（1978年2期）一文，该文提出了"郑州商城应即商汤所都毫邑"的新说，

二里头文化石器

从而为论证"二里头文化为夏文化"打下了
坚实的基础。夏王朝最后被商王朝所取代，
在历史上大约存在了400多年的时间，根据
古本《竹书纪年》所说："自禹至桀十七世，
有王与无王，用岁471年。"根据近代史学家
陈梦家在《殷墟卜辞综述年代》的考证，夏
王朝的存在年代大约在公元前21世纪至公元
前17世纪之间。参考碳十四的测定，二里头
文化一期的绝对年代（经过树轮校正）为公元
前2010年，二里头文化四期的绝对年代（经
过树轮校正）为公元前1625年。这两个数
据的出现，与文献记载的夏王朝的存在年代

基本符合，证实了二里头文化为夏文化。此时期文化与前代相比，最主要的特征是青铜器，二里头文化的青铜容器是目前所知中国最早的青铜容器，主要包括工具、兵器、礼器、乐器和装饰品。生产工具有刀、锛、凿、锥、鱼钩等，兵器有戈、戚、镞，礼器有斝、爵、斝、鸡彝、瓦足皿种。爵和斝的胎质都很薄，多无花纹，或有简单的乳钉纹，反映了早期青铜器的特点。爵是古代的饮酒器，也是象征着古代人身份地位的物品。爵的数量较多，前有流、后有尾，束腰、平底、椎足，此为各时期爵的共同特点。斝为素面敞

二里头文化生产工具

陶牛车

口，口沿上有两个三棱锥状矮柱，单把，束腰平底，三条腿下呈三棱锥状，上部微显四棱。如邹衡在《试论夏文化》一文中指出"盉、爵、鸡彝、瓦足皿等四器""大都来自东方，或者同东方有着密切的关系。此四器是夏文

甲骨

化中最主要的礼器，它们的存在，应该体现
了夏朝的部分礼制""夏礼可能是继承虞礼而
来的"。乐器有单翼小铃，装饰品有兽面铜牌，
其中有一件用 200 多块绿松石镶嵌而成，具
有较高的工艺水平，一向为中外研究者所重

殷墟坑窑

文化瑰宝甲骨文

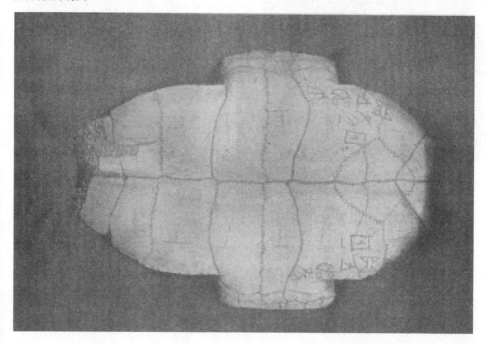

中原文化

殷墟文化遗存

视。

　　商代是奴隶制的发展时期，文献记载，汤灭夏后曾五次迁都，而都城所在，至今仍然无法确实，众说纷纭。因此，商代城址的调查发掘，在考古学上就具有十分重要的意义。现在，对商代城址的考古，已经获得确认的有郑州商城、偃师尸乡沟商城、安阳殷墟、洹北商城以及湖北黄陂县盘龙城等。商代文化可分为两大期：武丁以前为早商文化即二里岗期文化，武丁至帝辛时期为晚商文化即小屯文化。目前，学者们在研究中还发现二里岗期商文化遗存与殷墟一期文化之间

尚有缺环，于是又有中商文化的说法，此时期的具体归属，尚在讨论中。作为奴隶制的第二个王朝，商朝的各个行业发展都比较快，尤其是手工业，所以这一时期的青铜器不仅蕴藏着深刻的宗教与政治意义，而且冶炼业与制造业都相当成熟。纵观商代的青铜器，造型以庄重、威严、厚重、古朴为主要特征。青铜器以礼器为重，故常见的种类主要是食器和酒器，如鼎、卣、鬲、甗、簋、爵、樽等种类，常用的纹饰有动物纹样（饕餮纹、夔纹、龙纹、鸟纹、象纹、牛纹等）、几何纹样（圈带纹、串珠纹、三角云纹、窃曲纹）和自然物象纹（云雷纹、涡纹和水波纹）。青铜鼎的前身是原始社会的陶鼎，本来是日用的饮食容器，后来发展成祭祀天帝和祖先的"神器"，并被笼罩上一层神秘而威严的色彩。在奴隶制鼎盛时代，它被用作"别上下，明贵贱"，是一种表明身份等级的重要礼器。文献记载"天子九鼎，诸侯七鼎，大夫五鼎，元士三鼎或一鼎"，又载"铸九鼎，像九州"，又有成语一言九鼎、问鼎中原、三足鼎立等。此外，鼎也是国家政权的象征，《左传》有载："桀有昏德，鼎迁于商；载祀六百。商纣暴虐，鼎迁于周。"鼎大多为三足圆形，但也

青铜鼎花纹

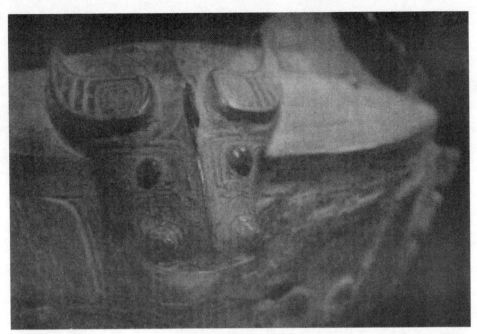

牛首兽面青铜器

有四足的方鼎，著名的司母戊鼎就是四足方鼎。商朝历经 600 多年，在经济、政治、文化、科技等方面，都取得了辉煌的成就，这里列举一二。其一，商代早中期建都于郑州，地处中原腹地，偎依在黄河南岸、崇山峻岭之东，与七朝古都开封和九朝古都洛阳东西相临，是我国第八大古都。东南面向黄淮平原，为全国重要的交通、通信枢纽，是新亚欧大陆桥上的重要城市。根据历史文献记载，郑州曾为夏、商都城之一，为管、郑、韩等藩国的首府，为隋、唐、五代、宋、金、元、明、清八代的州。

殷墟博物馆内的甲骨文

其二，甲骨文。甲骨文又称契文、龟甲文、龟甲兽骨文、甲骨刻辞、卜辞、龟版文、殷墟文字，是中华民族最早的文字，代表着汉文字最早的历史阶段。从开始发现安阳殷墟的甲骨文以来，据悉甲骨文使用的单字共有4500个左右。从已识别的约1500个单字来看，它已具备了"象形、会意、形声、指事、转注、假借"的造字方法，展现了中国文字的独特魅力。

（三）中原文化的繁荣阶段

从奴隶制度开始瓦解的春秋战国到封建文化鼎盛发展的隋唐文化，中原地区始终是

商代青铜器

中原文化的各个发展阶段

保存较完整的甲骨

商代青铜兽面纹罍

文化的中心，此阶段创造的文化，特别是唐前期的文化，在世界文化发展史上，占有相当重要的地位。隋唐时期国家的大统一，从唐太宗的"贞观之治"到玄宗的"开元盛世"，封建经济高度发展，政治相对稳定的时间也较长，从而为文化的繁荣奠定了坚实的基础。

隋唐是中原文化的第一个繁荣时期，当时文化界的代表人物有：孔颖达，冀州衡水（今

上海馆藏青铜器

属河北）人；魏徵，馆陶（今属河北）人；颜
师古，京兆万年（今陕西西安西北）人；陈子
昂，梓州射洪（今属四川）人；刘知几，彭城
（今江苏徐州）人；李白，祖籍陇西成纪（今
甘肃秦安人），生长在绵州彰明（今四川江油）
；杜甫，原籍襄阳（今属湖北），生于巩县（今
属河南）；韩愈，河阳（今河南孟县）人。白
居易，原籍下邦（今陕西渭南）人，生于新郑

The Place Where the Oracle Bones
With Inscriptions Were Found

古长安城一景

（今属河南）；李商隐，怀州河内（今河南沁阳）人；僧一行，魏州昌乐（今河南南乐）人；孙思邈，京兆华原（今陕西耀县）人。以上列举都是中原地区或靠近中原地区的人，表明了隋唐时期中原文化的繁荣。当然，隋唐时期中原地区以外的著名文人也不少，如陆德明，吴郡吴县（今属江苏）人；欧阳询，潭州临湘（今属湖南长沙）人；姚思廉，吴兴（今浙江湖州）人；虞世南，越州余姚（今属浙江）人；卢照邻，幽州范阳（今河北涿州）人；骆宾王，婺州义乌（今属浙江）人；贺知章，越州永兴（今浙江杭州萧山区）人；张九龄，韶州曲江（今属广东）人；张志和，婺州（今浙江金华）人；孟郊，湖州武康（今浙江德清）人；李绅，无锡（今属江苏）人；陆龟蒙，长洲（今江苏苏州）人。这些人中今江苏、浙江人占大多数，尚有湖南人、广东人等。由此可见，隋唐时期，中原文化虽然仍很繁荣，但是东南沿海江浙一带的地方文化也已高度发展起来。

在其他方面，隋唐时期也表现出很大的进步。以建筑为例，隋唐是我国古代建筑的成熟时期，其重要标志就是唐朝扩建的长安城和隋朝设计的赵州桥。第一，唐都长安城不仅是国内政治、经济、文化的中心，而且在中外文化交流中也起着非常大的作用。隋朝统一后，汉长安城已经不能满足新朝代的需要，于是隋文帝令建筑师宇文恺在汉长安城东南重建一座规模宏大的新城，取名为"大兴城"。在此基础上，唐朝将其进一步扩展，使它成为当时世界上最繁华的城市。现在的日本奈良和京都在设计、建造等方面都受古代长安城的影响。第二，我国古代桥梁建筑中的瑰宝——赵州桥（又称安济桥），是世界上现存最古老的石拱桥，建于隋代大业年间（605—616年）。赵州桥的设计和建造技术，标志着我国桥梁建筑的成熟。在距今1300多年的历史中，它经历了多次自然灾害的考验，承受了无数次车辆、人畜的反复重压，至今仍安然横跨在洨河之上。它是世界上最早出现的敞肩拱桥，由五拱构成。中间的大拱跨度37.45米，两端各有两个小拱，既可减轻大拱及桥基的负载，又可分洪和节省建筑材料，同时对于石桥本身来说，也增添了美观、玲珑和生动的姿态。这种设计既能减轻桥身重量，又利于水流量大时排洪；桥的大拱跨度大，桥面平缓，有利于车马行人通行，这种技术和造型都在古代堪称一绝，被誉为"奇巧固护，甲于天下"。宋人杜德源有诗赞颂安

长安是唐朝政治、经济、文化的中心

赵州桥是世界上最早出现的敞肩拱桥

济桥"驾石飞梁尽一虹，苍龙惊蛰背磨空"；
元代刘百熙有诗赞"水从碧玉环中过，人在
苍龙背上行"；明代诗人祝万祉赞美安济桥"百
尺高虹横水面，一弯新月出云霄"，实不过誉。
近代著名古建筑学家梁思成说："赵州桥的结
构所取的方式，对于工程力学方面竟有非常
的了解，及极经济极聪明的控制。……真可
惊异地表现出一种极近代化的进步的工程精
神。"1991年美国土木工程师学会将赵州桥遴
选为"国际土木工程历史古迹"。在欧洲，"敞

赵州桥标志着我国桥梁建筑水平的成熟

赵州桥全貌

肩拱"造型的桥梁直到 14 世纪才在法国出现，比赵州桥晚了 7 个世纪。

拱形桥不但美观而且实用

（四）中原文化的鼎盛阶段

我们常说汉唐盛世，又说宋代是积贫积弱。但从文化的角度上说，可以说宋代是超越前代的。宋代的文化又以中原文化为代表，从以下几个方面可以体现此时代文化的杰出性：

第一，中原的宋代历史文化遗迹多。

1.包公祠，众所周知，包拯是我国宋代著名清官、政治改革家。包公祠是后人为了纪念这位清官而建。它坐落在七朝古都开封城内包公湖西畔，占地 1 公顷多，是一组典型的仿宋风格的古典建筑群。高 3 米多、重达 2.5 吨的包公铜像立于大殿内格外引人注目：包公蟒袍冠带，正襟端坐，一手扶持，一手握拳，仿佛要拍案而起，一身浩然正气，是集历史、思想、艺术于一体的对包公的真实写照。二殿展有包公的出仕明志诗、开封府题名记碑、包公家训、包公书法手迹、墓志铭等。开封府题名记碑上刻有北宋开国以来 148 年中 183 任开封府尹的姓名和上任年月（可谓京官的花名册）。东西展殿则以图文并茂的形式来展示包公的传说逸闻。这位中国历史上的清官，他的故事在中国可谓妇孺皆知。东殿将最著名的《铡美案》制成真人大小的群组蜡像供人们观赏，生动描述了这位清官是怎样地不畏强权，执法如山。

2. 大相国寺，位于著名文化历史名城、七朝古都开封的市中心，建于北齐天保六年（555年），至北宋时期达到空前的鼎盛，管辖64禅、律院，因受帝王崇奉，地位如日中天，是我国历史上第一座"为国开堂"的"皇家寺院"。宋代，每逢海外僧侣来华，皇帝多诏令大相国寺接待；四方使节抵汴，必定入寺巡礼观光。宋神宗时，日僧成寻曾率弟子前来巡拜。日本佛教界出于对大相国寺的钦慕，在京都也设立了相国寺，秉承中土佛教之风，将禅寺中高等级者列为"五山十刹"。大相国寺历史上可谓高僧辈出，名士荟萃，建筑宏伟，寺藏丰富。唐代画家吴道子，以及著名文豪和思想家苏轼、王安石等，都曾在该寺留有辉煌足迹。《水浒传》"鲁智深倒拔垂杨柳"的故事，更是家喻户晓。另外，寺院"资圣熏风""相国钟声"之景观，也名列"汴京八景"之中，名闻遐迩。

3. 宋都御街，据史记载：北宋的东京城

开封大相国寺

中原的宋代建筑遗迹很多

富丽堂皇，其中最重要的一条街道就是御街。
御街是东京城南北中轴线上的一条通关大道，
它从皇宫宣德门起，向南经过里城朱雀门，
直到外城南熏门止，长达10余里。是皇帝祭
祖、举行南郊大礼和出宫游幸往返经过的主
要道路，所以称其为"御街"，也称御路，天
街或者宋端礼街。据孟元老的《东京梦华录》
记载、御街宽约200米，分为三部分：中间
为御道，是皇家专用的道路，行人不得进入；
两边挖有河沟，内种满了荷花，两岸种桃、李、

宋代寺庙建筑宏伟，藏品丰富

梨、杏和椰树；在两条河沟以外的东西两侧都是御廊，是平民活动的区域，临街开店铺，老百姓买卖于其间，热闹非凡。每逢皇帝出游，老百姓聚在两边，争相观看皇家的威严和气派。

4.铁塔，建于北宋1049年，位于河南省开封城内东北隅铁塔公园内。该塔因当年建筑在开宝寺内，称"开宝寺塔"；又因塔全部用褐色琉璃砖砌成，远看近似铁色，故人们又称"铁塔"。它以精湛绝妙的建筑艺术和雄伟秀丽的修长身姿而驰名中外，被人们誉为"天下第一塔"。铁塔的前身是一座木塔，系

中国北宋时期著名建筑学家喻皓为供奉佛祖释迦牟尼佛舍利而建造的。据说他经过8年的构思设计和建造，终于在端拱二年（989年）把这座塔建成。初建成的塔向北倾斜，有人问他缘由，他说京师地平无山，又多西北风，离此地不远又有大河流过，用不到100年的时间，塔受风力作用和河水浸岸的影响，自然就会直过来了，并预言此铁塔可存700年不会倒塌。可惜这个木塔在宋仁宗庆历四年（1044年）夏天被雷火所焚，仅存50多年。后来，宋仁宗下诏在距此不远的夷山上，仿照木塔的式样，建造了我们今天所看到的这

开封铁塔

开封铁塔

铁塔以精湛的工艺和雄伟的身姿驰名中外

座铁色琉璃砖塔。铁塔现高 56.88 米，为八角
十三层，是国内现存琉璃塔中最高大的一座。
它完全用了中国木质结构的形式，令人惊奇
的是塔为仿木砖质结构，但塔砖如同斧凿的
木料一样，个个有榫有眼，有沟有槽，垒砌
起来严密合缝。据统计，塔的外部采用经过
精密设计的 28 种标准砖型加工合成。塔内有
砖砌蹬道 168 级，绕塔心柱盘旋而上，游人
可沿此道扶壁而上，直达塔顶。登上塔顶极
目远望，可见大地如茵，黄河似带，游人至此，
顿觉飘然如在天外。铁塔建成近千年，历尽
沧桑，仅史料有记载的就遭地震 38 次、冰雹

清明上河园

10 次，风灾 19 次，水患 6 次。尤其是 1938 年日军曾用飞机、大炮进行轰炸，但铁塔仍巍然屹立，坚固异常。

5. 清明上河园，位于河南省开封城西北隅，东与龙亭风景区毗邻，占地面积 510 亩。是以宋代张择端的名画《清明上河图》为蓝本，集中再现原图风物景观的大型宋代民俗风情游乐园。主要建筑有城门楼、虹桥、街景、店铺、河道、码头、船坊等。园区按《清明上河图》的原始布局，集中展现了宋代诸如酒楼、茶肆、当铺等生意兴隆饿繁荣景象；汇集民间游艺、杂耍、盘鼓表演；神课算命、博彩、斗鸡、斗狗等京都风情。

6.皇陵，位于今天的巩义市西南，南依嵩山，北傍伊洛，陵区范围南北宽 12 公里，东西长 13 公里。北宋九朝皇帝，除了宋徽宗、宋钦宗二帝被金人掳去囚死漠北外，其余七帝都埋葬在这里，再加上赵匡胤的父亲 (被追封为宣祖) 的陵墓，统称为"七帝八陵"。还有 21 座皇后陵和许多宗室子孙的墓葬，形成了一个庞大的皇室陵墓群。还有洛阳的范仲淹墓、邵雍墓、邵雍故居、程颢、程颐墓，等等。这些都是中原河南的历史文化资源，

洛阳白居易墓

中原文化的各个发展阶段

程颢像

这些遗址记载着宋都开封的历史。

第二，中原宋代的学术理论文化造诣深。

宋代的学术理论文化，可以说是中国学术理论文化史上的又一座里程碑。先秦有易学、诸子学，汉唐有汉学，宋明有理学。宋明理学又称为新儒学。宋代新儒学的主要代表有：

程颢（1032—1085年），字伯淳，人称明道先生，河南府（今河南洛阳）人，宋代理学家、教育家。《宋史》本传称："慨然有求道之志。泛滥于诸家，出入于老、释者几十年，返求诸'六经'而后得之。"与弟程颐开创"洛学"，奠定了理学基础。在教育上，潜心教育研究，论著颇巨，形成一套教育思想体系。程颢认为教育之目的乃在于培养圣人，"君子之学，必至圣人而后已。不至圣人而自已者，皆弃也。孝者所当孝，弟者所当弟，自是而推之，是亦圣人而已矣"。总之，教育必以儒家经典为教材，以儒家伦理为教育之基本内容。同其理学思想一样，程颢的教育思想对后世影响深远。

程颐（1033—1107年），字正叔，人称伊川先生，北宋洛阳人，为程颢之胞弟。与其兄程颢不但学术思想相同，而且教育思想也

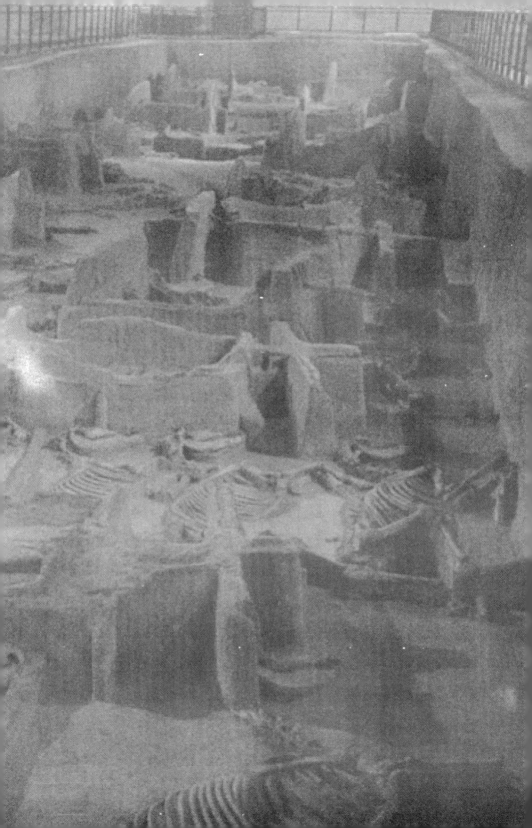

程颢祠堂

基本一致，合称"二程"。他同程颢一样，主张教育目的在于培养圣人，"圣人之志，只欲老者安之，朋友信之，少者怀之"，圣人以天地为心，"一切涵容复载，但处之有道"，因此，教育必须以培养圣人为职志。在教育内容上，主张以伦理道德为其根本，"学者须先识仁。仁者蔼然与物同体，义、智、信，皆仁也"。《宋史》称他"学本于诚，以《大学》《论语》《孟子》《中庸》为指南，而达于'六经'"。

邵雍（1011—1077 年），字尧夫，谥号康节，生于河北范阳。北宋著名理学家、数学家、诗人。邵雍，虽然不像三国的诸葛孔明

宜兴东坡书院一景

书院的出现使中原文化更为发达

那样家喻户晓，但是，无论从才干和品德来讲，他都不亚于诸葛亮。只不过，因为长期隐居，名字不被后人知道而已。宋朝理学鼻祖之一的程颢曾在与邵雍切磋之后赞叹道："尧夫，内圣外王之学也！"当时有高人李挺之，见其好学不倦，就传授了他《河图》《洛书》《伏羲八卦》等易学秘奥。以邵雍的聪颖才智，他融会贯通、妙悟自得，终于成为一代易学大师，闻名遐迩的鸿儒。《宋史》记载道：他对于"远而古今世变，微而走飞草木之性情"都能"深造曲畅，通达不惑"，而且"智虑绝人，遇事能前知"。北宋理学的另一位始祖程颐说他："其心虚明，自能知之。"于是，他著书立说，撰写了《皇极经世》和《观物内外篇》等著作共 10 余万言。他认为历史是按照定数演化的，他以他的先天易数、用元、会、运、世等概念来推算天地的演化和历史的循环。对后世易学影响很大的《铁板神数》和《梅花心易》都是出于邵雍，后人也尊称他为"邵子"。

朱熹（1130—1202 年），字元晦，后改仲晦，号晦庵。朱熹自幼勤奋好学，立志要做圣人。李侗曾赞扬他："颖悟绝人，力行可畏，其所诧难，体人切至，自是从游累年，精思实体，而学之所造亦深矣。"并说朱熹"进学甚力，

朱熹故居

朱熹是宋代理学的集大成者

乐善畏义，吾党罕有"。朱熹一生从事理学研
究，继承了北宋程颢、程颐的理学，认为理
是世界的本质，"理在先，气在后"，提出"存
天理，灭人欲"，是宋代理学的集大成者。直
到今天，人们仍然称为"程朱理学"，完成了
客观唯心主义的体系。朱熹既是我国历史上

著名的思想家，又是一位著名的教育家。他一生热心于教育事业，孜孜不倦地授徒讲学，无论在教育思想或教育实践上，都取得了重大的成就。

第三，中原宋代教育之发达。

宋代有四大书院，其中河南占两个。应天府书院，又称睢阳书院，前身南都学舍，原址位于河南省商丘县城南，由五代后晋杨悫所创，并列中国四大书院之一。应天府书院提供免费教育，学生多为贫寒好学之士，形成刻苦严谨的学风。早年书院伙食不善，范仲淹求学时就有"五年未尝解衣就枕"和"食不给，啖粥而读"之说。应天府书院被纳入

"立雪程门"牌匾

书院对中原文化的传播起到了推动作用

地方官学管理后，宋初政府通过赐书、赐匾额、赐学田等方式加强对书院的控制，但在教育方针和教学方法上，书院仍保留私学教育的特点。宋仁宗天圣年间，文学家晏殊任应天知府时，曾为书院聘请名师任教，书院规模得以进一步发展；1027 年，范仲淹在应天府时，亦于此地任教，四方学子纷纷慕名就学，其治学精神和忧国忧民的言行誉满全国，使得书院在全国声望空前，一时"人乐名教，复邹鲁之盛"，俨然为中州一大学府。

第四，中原宋代的科技文化成就斐然。

中国古代四大发明，其中有三项是在宋代发明或者是在宋代完成的，即活字印刷术、

司南

火药、指南针。由于中原是宋代的政治、文化中心，因此这些发明和应用，对中原的影响是可以想见的。

第五，艺术文化成就卓著。

《清明上河图》，中国十大传世名画之一，宽 24.8 厘米，长 528.7 厘米。此画生动地记录了中国 12 世纪汴京当年繁荣的见证，也是北宋城市经济情况的写照。作品通过长卷形式，采用散点透视的构图法，将繁杂的景物纳入统一而富于变化的画卷中。画中主要分为两部分，一部分是农村，另一部分是市集。据

统计，"画中有 814 人，牲畜 83 匹，船只 29 艘，房屋楼宇 30 多栋，车 13 辆，轿 14 顶，桥 17 座，树木约 180 棵"。画面的中心是由一座虹形大桥和桥头大街的街面组成。大桥西侧有一些摊贩和许多游客。大桥中间的人行道上，是熙熙攘攘的人流：有坐轿的，有骑马的，有挑担的，有赶毛驴运货的，有推独轮车的……大桥南面和大街相连。街道两边是茶楼、酒馆、当铺、作坊。街上也是行人不断：有挑担赶路的，有驾牛车送货的，有赶着毛驴拉货车的，有驻足观赏汴河景色的。《清明上河图》将汴

清明上河园一景

宋代官窑瓷器

河上繁忙、紧张的运输场面描绘得栩栩如生，更增添了画作的生活气息，在我国绘画史上有着重要的地位。

宋代有五大名窑，其中三大名窑在河南：（1）开封的官窑。大约创建于我国北宋政和年间，南宋学者叶寘在其《坦斋笔衡》中写道："政和间，京师（今河南开封）自置窑烧造，名曰官窑。"南宋另一学者顾文荐在其《负暄杂录》中也有关于"宣政间，京师自置窑烧造，名曰官窑"的记载。据说开封官窑的开设，是因为宋徽宗不满于当时现有贡御瓷器的瑕疵和缺陷，所以引入汝瓷及开封东窑等窑口窑系的制作精华，在东京汴梁（今河南开封），按照自己的设计方案、亲自指挥烧制和创制的巅峰之瓷。其不仅是我国陶瓷史上第一个由朝廷投资兴建的"国有"窑口，也是第一个被皇帝个人垄断的瓷器种类。作为国家礼器的创制，其造型通常以仿青铜器为主，是当年宋徽宗"新成礼器"的一部分。以徽宗诏敕编纂的《宣和博古图》为造型蓝本，主要分为两大类：一是礼器，代表作品有瓶、樽、鼎、炉、觚、盘等器形；二是文房用具，主要供徽宗个人使用，代表作品主要为"文房四宝"，有直口、荷口、葵口、寿桃、弦纹、

兽头、兽耳等多种样式，器形可谓琳琅满目，充分体现了徽宗的文化智慧和创造力。除了对器物造型的严格要求，对釉色的追求与完善也达到了一个很高的水平，常见的有天青、粉青、月下白、炒米黄等釉色，且以粉青为上。明学者高濂在其《燕闲清赏笺》中言"官窑品格，大率与哥窑相同。色取粉青为上，淡白次之，油灰色，色之下也"。清光绪三十四年开始编纂，兼收百科，重在溯源的《辞源》第二册"官窑"栏也写道："宋代五大名窑之一，北宋大观间京师置窑烧瓷。胎骨有白、灰、红之分。其土取自汴东阳翟，淘炼极精。釉色有天青、翠青、月下白、大绿。粉青为上，淡白次之。"（2）汝州汝窑。位于河南省汝州

官窑瓷器

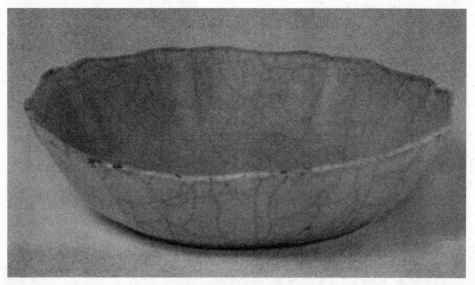

市，北宋时创设。烧制御用宫中之器，居我国宋代"汝、官、哥、钧、定"五大名瓷之首，是北方第一个著名的青瓷窑。南宋叶寘《坦斋笔衡》说"本朝以定州白瓷器有芒，不堪用，遂命汝州造青窑器，故河北、唐、邓、耀州悉有之，汝窑为魁"，说明汝窑在接受宫廷的任务，烧造汝官窑器，使北方青瓷的技术成为全国之冠。南宋周辉《清波杂志》云"汝窑宫中禁烧，内有玛瑙末为釉"，这样就使汝窑产生特殊色泽，有卵白、天青、粉青、豆青、虾青，虾青中往往微带黄色，还有葱绿和天蓝等。尤以天青为贵，粉青为上，天蓝弥足珍贵，有"雨过天晴云破处"之称誉。

汝窑瓷器

（3）禹州钧窑。素有"黄金有价钧无价"和"家有万贯，不如钧瓷一件"美誉的钧瓷，是以独特的窑变艺术而著称于世。它凭借其古朴的造型、精湛的工艺、复杂的配釉、"入窑一色出窑万彩"的神奇窑变，展现湖光山色、云霞雾霭、人兽花鸟虫鱼等变化无穷的图形色彩和奇妙韵味。

（五）中原文化的衰落时期

元、明、清时期，随着政治中心的转移，文化的重心似乎也转移了，从下面这些当时

自元、明、清开始，中原文化逐渐衰落

文化界代表人物的籍贯我们可以看出：郭守敬，邢台（今属河北）人；关汉卿、王实甫均为大都（今北京）人；刘基，浙江青田人；宋濂，浦江（今属浙江）人；顾宪成，江苏无锡人；李时珍，蕲州（今湖北蕲春）人；徐光启，上海人；宋应星，江西奉新人；徐霞客，江苏江阴人；罗贯中，山西太原人，一说浙江

中原文化的广博通过细节显现出来

钱塘人；施耐庵，江苏大丰人；吴承恩，江苏淮安人；王阳明，浙江余姚人；黄宗羲，浙江余姚人；顾炎武，江苏昆山人；王夫之，湖南衡阳人；戴震，安徽黄山人；蒲松龄，淄川（今山东淄博）人；吴敬梓，安徽全椒人；曹雪芹，辽阳（今属辽宁）人。这些人当中，江浙人占了绝大多数，中原地区的人已很稀

洛阳出土文物罐形鼎

少了。虽然我们不能只根据文化人的籍贯来论述各地的文化发展程度，不过，以一个地区培养出全国第一流文化人的多少来判断该地区文化的发达与否，也不失为是一种衡量的标准。

四、中原文化的主要特点

广袤而肥沃的平原对中原农业发展提供了有利条件

李民昌在《中原文化研究随想》一文中说："中原文化的显著特点是它的许多内容在中国文化中占有'最早'的地位，或享有'第一'的声誉，这恰与黄河流域向来被世人视为华夏文明发祥地、中华民族之摇篮的地位相称。"具体来说中原文化的基本特点有以下几个方面：

（一）传统物质文化方面

中原的地理环境，是一种封闭的、适宜于农耕的、广袤而肥沃的平原，这在一定程度上决定了中原先民对农耕文明的选择。由于农耕文明以自然经济为基础、尚未发展起社会化的大生产，因此，这种文明只能是分散的、小农式的自在自发自给自足的文明。这使得百姓十分依赖土地，百姓要想维持生计，必须在努力劳动的基础上，反对奢侈浪费。长此以往，中原文化凝炼出勤劳节俭的美德，把贪吃、贪喝与好色、赌博罗列在一起，并称"四害"。同时，深受儒家思想影响的中原人特别注重与人为善、推己及人，建立和谐友爱的人际关系，反对承强执弱、以众暴寡、以富侮贫。

广袤而肥沃的平原

（二）传统制度文化方面

制度文化一方面以表层物质文化为基础，另一方面又是人类深层精神文化的外在反映，处在文化的中间地带。中华民族进入文明历史以来，作为帝都的中原就长期处于各个时期国家政治、经济和文化中心，国家在每个时期制定、颁布和实施的政治、经济和文化制度，都对其心脏地带产生巨大的影响。主要表现为为几个方面：（1）重农抑商的经济制度。历代统治者都十分重视农业发展，把发展农业当做"立国之本"。而在历代统治阶级眼里，商人唯利是图，斤斤计较，游走东西，串通南北，是社会动乱的诱因。因此，抑商

开封龙亭公园

成为统治阶级的基本国策。从战国至明清，历代
统治者都强化户籍管理，限制人口流动，限制商
人的政治权利，堵其仕途之路，不许后代做官甚
至从穿衣、建房、乘车等日常生活方面对商人进
行种种限制。重农抑商经济制度极大地压抑了工
商业发展，最终使产业革命在中原的发生成为乌
托邦。（2）家国同构的政治制度。家国同构，即
家庭与国家处在同一原则与同一组织形态。周公
制礼作乐，规定家庭中父为家长，家族中长者为
尊，联盟中王族首领为君，君权世袭，长子继承，
余子分封，从而奠定了由天子到公卿、家族、家
庭的宗法制度网。这样，以"君为臣纲，父为子纲，

夫为妻纲"为思想基础，以家庭、宗族、户籍、郡县为统治网络，以男性家长和各级官员为管理人员，把父权——族权——皇权联结起来，构成了庞大的国家机器。（3）官学一体的学术制度。官学一体制度给中原文化带来的最大弊端就是学术政治化。当政治中心位居中原时，中原学术可以借助政治力量得以迅速发展，很快变成影响中国文化的核心学术。当政治中心离开中原后，中原学术又很快失去了昔日的荣耀和光芒，中原学术的盛衰与政治休戚相关。

（三）传统精神文化方面

中原传统文化对人伦关系十分重视，突

中原传统文化突出表现儒家的"仁学"思想

出表现为儒家的"仁学"思想。孔子说"仁者爱人""仁者安仁""仁者利人";孟子说:"人之所以异于禽兽者",在于人有并能自察于诸如"父子有亲,君臣有义,夫妇有别,长幼有序,朋友有信"的人伦关系;荀子通过对万物层层分类来论证"人之为人"的本因:"水火有气而无生,草木有生而无知,禽兽有知而无义。人有气有生有知,亦且有义,故最为天下贵也","然则人之所以为人者,非特以二足而无毛也,以其有辨也。……夫禽兽有父子,而无父子之亲,有牝牡而无男女之别。故人道莫不有辨。辨莫大于分,分莫大于礼,礼莫大于圣王"。这里的"义""礼"就是孝、悌、

中原文化百花齐放

顺君之道。这样使中原人民形成从国家利益和整体利益出发，"义以为上""先义后利""见义思利"，反对"重利轻义"和"见利忘义"。《尚书》云"以公灭私，民其允怀"，认为朝廷官员应当以公心灭除自己的私欲，这样就可以得到老百姓的信任和依附。这种注重社会整体利益、民族利益和国家利益，强调对社会、民族和国家的奉献精神的价值观，对于增强国家、民族的凝聚力有一定的积极意义。

（四）中原文化的辐射方面

由于中原地区在历史上曾长期作为政治文化中心，中原文化通过经济、战争、宗教、人口迁徙等众多渠道，不仅吸纳了周边多种文化中的优秀成分，同时还将自己的文化辐

中原地区在历史上曾是政治文化中心

大汶口文化陶器

射到周边地区。例如：新石器时代中原文化与周边地域文化具有许多共同点；郑州大河村遗址中出土了一些富有山东大汶口文化特征的陶器，说明中原文化在那时就开始辐射周边文化；如三国鼎立时期，曹魏有曹氏父子、建安七子以及王肃、杜恕、王弼、阮籍、钟惑、马钧、华佗、刘徽等为代表的中原文化，孙吴有以陆绩、陆凯、虞翻等人为代表的东吴文化，蜀汉有以隋周、陈寿等人为代表的巴蜀文化。需要指出的是，无论是东吴文化还是巴蜀文化，并非完全是当地土生土长的，他们读的都是儒家经典，是在中原文化的滋养下成长起来的。

正是中原文化具有的上述特性，决定了中原文化对于历史进程的巨大推动作用，无论是后羿射日、嫦娥奔月、愚公移山等激励鞭策人们奋发向上的神话故事，还是岳飞报国、木兰从军等宣扬爱国主义的文化母题，都是中华民族极其宝贵的精神财富。这种精神，在民族存亡的危难关头，成为支撑全民族的坚强力量。它如一台功能强大的引擎，为中国经济社会的发展提供了不竭的智力支撑，并促使中华历史甚至世界历史的车轮不断前行。